비바 파파, 치유의 미소

국립중앙도서관 출판시도서목록(CIP)

비바 파파, 치유의 미소 : 김영우 시집 / 지은이: 김영우. -
- 대전 : 오늘의문학사, 2015
    p. ;   cm. -- (문학사랑 시인선 ; 41)

ISBN 978-89-5669-706-2 03810 : ₩12000

한국 현대시[韓國現代詩]

811.7-KDC6
895.715-DDC23   CIP2015026011

비바 파파, 치유의 미소

김영우 시집

오늘의문학사

‖ 저자의 말 ‖

매사에 감사를 체험하며,
물처럼 살았습니다.
바위같이 지냈습니다.
믿음의 멍에를 지고
이날까지 왔습니다.

아름답게, 건강하게,
용기 있게, 사시라고
뒷받침하는 자손들에게
고마움을 느낍니다.

신앙이 있기에 행복하고
이웃에 문학이 있어
더더욱 즐겁습니다.

기쁨이 넘쳐
지나온 발자취를 모아
문학사랑에
세 번째 시집을 남깁니다.

2015. 乙未年 가을에
雪谷 김영우 (시몬)

‖ 차례 ‖

저자의 말 —————————— 5

제1부 을미년을 맞이하여

을미년 해맞이 ——————— 15
화봉산의 봄 ———————— 16
경칩을 맞으며 ——————— 17
봄맞이 ——————————— 18
자화상 ——————————— 19
소천 ———————————— 20
낙엽에 쓴 편지 ——————— 21
4월이 가기 전에 —————— 22
발자국 ——————————— 23

제2부 갑오년을 보내며

천하제일의 황산 —————————— 27
서시를 닮은 서호 —————————— 28
영객송 ——————————————— 29
장가계 기산 ———————————— 30
황룡동굴 ————————————— 31
신비로운 여의주 —————————— 32
암수바위 ————————————— 33
갑오년을 보내며 —————————— 34
도망자 —————————————— 35

제3부 태백산 길잡이

달밭골 산장 —————————— 39
태백산 길잡이 ————————— 40
오대산 성지 —————————— 42
환선굴을 찾아서 ———————— 43
만남의 노래 —————————— 44
속리산 문장대 ————————— 45
철쭉제 ————————————— 46
시월의 단풍 —————————— 47
하늘다리 ———————————— 48
황악산에 올라 ————————— 49

제4부 인간관계

인간관계 ——————————— 53
인간은 미완성 ——————————— 54
짧은 인생 ——————————— 55
나의 길 ——————————— 56
나의 삶 ——————————— 57
설곡 ——————————— 58
나 홀로 ——————————— 59
금혼식 날에 ——————————— 60
요양원을 찾아서 ——————————— 62
잔치 ——————————— 63

제5부 흐르는 물

흐르는 물 —————————— 67
튤립을 보며 ————————— 68
야생화 ——————————— 69
불빛 ———————————— 70
고사리를 꺾으며 ——————— 71
연꽃 앞에서 ————————— 72
네온의 불빛 ————————— 73
불꽃 축제 —————————— 74
시화전 앞에서 ———————— 75

제6부 비바 파파

비바 파파 —————————————— 79
치유의 미소 ————————————— 80
그림자 ——————————————— 81
기적을 체험하며 ——————————— 82
성지순례 —————————————— 83
야생화의 넋 ————————————— 84
소리 ———————————————— 85
고독 ———————————————— 86
고래치의 낭만 ———————————— 87
빛 ————————————————— 88
반달 ———————————————— 89

제7부 시가 있는 곳

시가 있는 곳	93
월영대 황금돼지	94
예향의 도시	95
녹차 밭에서	96
모과	97
염려만 남기고	98
연정	99
이사하는 날	100
포항역에서	101
호미곶 단상	102
빗속의 산행	103

‖ **작품해설** ‖
리헌석 | 신앙의 신비, 그리고 사랑의 힘 ── 105

제1부
을미년을 맞이하여

나의 습작 공간

을미년乙未年 해맞이

생명의 빛을 맞이하려
말봉재 굽이굽이 마봉루에 올랐다.

청마가 지키고 있는 봉수대 빈터에
영일만 파도가 말목장성에 쌓였고
을미년 새아침이 호미곶을 밝힌다.

순종과 겸손으로 태어난 청 양띠
형산강 맑은 물 동빈항 운하에 넘치고
포항의 비전을 유람선에 띄운다.

＊마봉루(馬烽褸) : 포항시 구룡포 호미곶 언덕 팔각정

화봉산의 봄

봄은 돌아왔는데
축제 내빈들은 어디 갔을까,
이화는 곱게 피어 하늘만 쳐다 보고
입 맞추던 벌들은 보이지 않네.

산행 길 친구 다람쥐는 어디 가고
조잘대던 산새들도 어디로 가고
외롭게 울어대는 산 비둘기.

쉬어가는 쉼터에
꽃잎이 수를 놓네.
간밤에 핀 꽃, 산행 길에 떨어지네.
봄꽃 깔고 앉은 그대의 모습
복사꽃이든 할미꽃이든
카메라 앞에서는 화봉산의 여왕이네.

*2015.(음) 춘삼월에

경칩을 맞으며

정겨운 소리
봄을 부르는 소리 요란하다.

누구를 찾을까,
생명이 움트는 밤을 부른다.

적요한 골짝
힐타운 테라스홈에 봄비가 내린다.

*2015.3.6.
*경칩 : 24절기 중 세 번째 절기
*힐타운 테라스홈 : 포항시 남구 대잠동 480-3

봄맞이

교황님이
남기고 가신 말씀
이 땅에 씨앗이 되어
새 봄에 움트는 소리 들린다.

복자품에
오르신 순교자
이 세상에 복음이 되어
신앙의 언덕에 새봄을 맞이한다.

들꽃 마을
꽃동산의 향기
개나리 피는 소리에
새들은 노래하고 나비는 춤을 춘다.

*2015. 2. 1.
*교황 : 2014년 8월 15,16일에 한국을 방문하신 프란치스코 교황님
*대전문학(2015. 67. 봄호)

자화상 自畫像

물처럼 살았습니다.
바위같이 지냈습니다.

기적을 체험하며
믿음으로,
시상에 젖어
지금 살아가고 있습니다.

*2015.3.1.

소천召天

하늘의 부름 받고
떠난 그 이름
고향땅 지키며
살아온 80년

실개천 피레미 잡아
안주하던 술자리
님 없는 빈자리에
디딤돌만 남았네.

오늘은 네가 가고
내일은 내가 갈 본향
내 고향 저녁노을
까치밥 하나

하늘이 부를 때는
변명인들 무엇하리.

*2014.11.17. 고향의 벗 박양규 영전에
*대전문학(2015.67.봄호)

낙엽에 쓴 편지

당신의 모습 그리며
가을을 밟는다.

길가에 떨어진 잎새
낙엽마다 편지를 읽는다.
빛바랜 단풍잎 지나간 사연의 흔적
둘이 걷던 길 낙엽만 굴러간다.

낮에는 속삭이는 새소리
밤에는 쏟아지는 별빛의 신비 속에서
잎새는 얼굴 붉히며 사랑을 쌓았다.

원앙의 보금자리
힐타운 테라스홈
따뜻한 언덕에 가을이 깊어간다.

가을이 가기 전 첫 눈 내리는 밤
다 읽은 가을편지에 꽃씨를 받으리라.

*2014. 11. 8.
*힐타운 테라스홈 : 포항시, 대잠동 시청 앞 주택

4월이 가기 전에

꽃이 지기 전에
청춘은 가고
4월이 가기 전에 봄날이 간다.

바람은 어디서 와서
어디로 가는지
세월이 가기 전에 인생도 간다.

해 뜨고 지는 것도
흘러간 수십 년
오늘은 하늘의 별이 더욱 빛난다.

은하수 별빛 따라
부활을 맞이하여
이승에서 어머님을 뵙는다.

*2015. 4. 11. 어머님 기일에

발자국

팔각정에
가득한 봄의 향기
그때 그 시절 소쩍새는
어디로 갔을까.

저리 보면 숲속인데
산길을 걸으며
추억을 새긴다.

화봉산
언제나 걷던
세월의 발자국이 숨을 쉰다.

＊2015.3.17.
＊화봉산 : 대전시 유성구 전민동 뒷산
＊대전문학연구총서7(2015, p.332)

제2부
갑오년을 보내며

소백산 산장, 작가의 시 현판 기념

천하제일의 황산

폭죽 터트리는 소리가 천지를 진동한다.
액운을 쫓고 행운을 비는 설날의 풍습
수시로 비와 안개가 눈을 가리는 곳인데
오늘 따라 청명한 날씨라 황산을 본다.

오악과 오절 중에 천하의 으뜸
연화봉, 광명봉, 천도봉이 구름 위에 떠있네
낮은 야산에는 대나무가 산을 덮고
틈틈 녹차 밭이 정원을 이루었네.

굽이굽이 절벽산행 돌계단이 안내하고
높은 산 깊은 협곡에 운무가 가득하네.
괴석이 없으면 소나무가 아니고
소나무가 없으면 기이하지 않네.

백년 가까이 되어 찾아온 황산
산이 좋아 산을 찾은 명산
바위 위에 소나무 하늘과 속삭이는데
어찌 고개 들어 이야기를 나누겠는가.

*2015.2.18. 설날 중국여행 중에

서시西施를 닮은 서호西湖

미인을 만나 미인을 닮고
시인을 만나 시인이 되네.
찌푸린 얼굴이 더욱 예뻐서
저 푸른 호수에 초어가 되었나,
서호의 소제춘요
서시를 닮아서 서호라 했네.

미인이 있고 시인이 있어 황제가 향유하니
아름다운 자연이 있어 세상 낙원이라 했던가.
역사가 있고 추억이 있는 낭만의 호수에 와서
내 어찌 소동파의 시 한편 읊지 않으리.

*2015.2.19. 중국 항주 여행에서
*서시(西施) : 중국 4대미인 중 하나(양귀비, 초선, 왕소군, 서시)
*초어(草魚) : 중국 四大家魚, 풀만 뜯어먹고 사는 민물고기
*소제춘요(蘇堤春曉) : 소동파가 항주지사로 있을 때 쌓아놓은 제방
  여름에는 연꽃, 봄에는 모란꽃이 피는 아름다운 섬
*소동파(蘇東坡, 1036~1101) : 본명은 蘇軾이고, 아버지 蘇洵과 동생
  蘇轍과 함께 唐宋八大家의 문인이다. 西湖를 중심으로 1천여 편의
  詩를 남긴 시인이며 정치가이다.

영객송 迎客松

운해를 벗 삼아 살아온 세월
낙락장송 홀로 서서 천년을 넘겼네.

적벽괴석 옥병봉에 자리 잡은 소나무
오늘도 손님맞이에 푸른 손 내미네.

광명정에 올라 천하를 바라보니
하느님의 작품에 고개 숙이네

한평생 독야청청 황산을 지키는
영객송 앞에서 고개 숙이네.

*2015.2.19. 황산에서
*옥병봉(玉屛峰) : 중국 황산, 옥병루 옆 산봉우리

장가계 기산奇山

우뚝 솟은 기봉奇峰에
구름 꽃 피었고
언어가 없는 천상의 공원
천문동 거울 보려고 귀곡잔도 걸었네.

기이한 바위 봉우리
무룡 협곡의 기산들
천문산 천자산의 비경
원가계, 어필봉, 미혼대를 올랐네

갑오년 고희古稀년에
네 가족 거느리고
장가계 절경 바라보니
99개 고개 길, 내 인생길 같았다.

*2014.9.2~7.
*장가계(張家界) : 중국 호남성 장사시 남부에 위치한 도시
*귀곡잔도(鬼谷殘道) : 협곡에 절벽을 깎아 만든 길
*천문산 거울 : 높은 산이 구멍이 뚫려 하늘이 보이는 곳

황룡동굴

장가계의 혼이 깃든
석화 석순 종유석의 안방
아름다운 꿈나무들이 잠들어 있다.

회음벽에 부딪히는 소리
한 많은 사람의 노래 같아
추억어린 금자탑 부메랑에 실려 오네.

옥룡지에 떨어지는 물
천선수폭포가 종소리 울리는데
청해신침 기도는 언제쯤 끝날까…

멀리 살아온 발자취
동굴 계단에 새겨 놓으니
석순 앞에 나의 모습 자꾸만 작아지네.

*2014.9.2~7. 중국여행
*황룡동굴(黃龍洞窟) : 호남성 장가계시 무릉원 동쪽 삭계곡에 위치
*천선수폭포(天仙水瀑布) : 27.3m 청장구멍에서 떨어진 물이 폭포를 이룬 곳
*청해신침(定海神針) : 20만 년 전부터 성장, 백 년에 1cm씩 자라나 현재 높이 19.2m, 허리 부분은 10cm이다. 96년도에 17억원의 보험에 들어있다.

신비로운 여의주

내 품은 여의주
3천 개의 섬나라
생명을 잉태한
하룡만의 전설이다.

바다도 깊고
하늘도 높은데
세월의 여의주
세상에 역사를 남긴다.

밤도 낮도 없는
영원한 나라에서
5.16 수놓은
부활의 꽃 피어나리.

*2014.5.3~8.
*하룡만 : 베트남 하노이에 있는 하룡베이를 말함

암수바위

선바위 미륵불
정묘한 조화 이루는
다랭이 마을의 수호신

갯벌 바래길
가파른 지겟길 고달픈 역사
억척같이 살아온 조상들

소원의 입석立石
민속 신앙으로 풍요를 누리는
남해 민속촌

*2014.7.20.
*다랭이 마을 : 경남 남해군 남면 홍현리
*바래길 : 물때를 맞춰 바다 갯벌에서 해산물을 수확하러 다니던 길
*지겟길 : 산 비탈을 논밭으로 만들고 지게를 지고 일하러 다니던 길

갑오년甲午年을 보내며

갑오년 청마의 해가 저물어 간다.
쌍칠년 고희를 보내면서 희비가 엇갈린다.

척추, 폐암, 감마나이프 수술까지
하느님이 주신 선물 달게 받으면서
소백산, 오대산, 태백산, 설악산.
정상을 종주하며 노익장을 과시했다.

캄보디아 천년의 신비 앙코르와트
베트남의 하룡베이 3천개의 섬
중국의 장가계 원가계의 비경을 보며
글을 쓰고 발자취를 남겼다.

나는 누구인가?
평화를 빕니다, 감사하는 마음으로,
무지개 타고 비상했던 동산에
노을이 지고
빨간 낙엽은 가을을 재촉한다.

*2014년 어느 날.
*대전문학(2014.66.겨울호)

도망자
― 유병언과 그 가족과 협조자들을 보며

쫓고 쫓기는 자 그는
온 국민을 조롱하며 다니고
결국 300여명의 목숨까지 앗아간 세월호의 책임자였다.

엎어지지 않는 보트 개발로 뉴욕국제발명대회에서
금상을 수상한(1982년) 아이디어 기업가
구원파 교주라는 이름 아래 작가로 사업가로
치부하여 영화를 누리던 이중 인격자

십자가를 앞세우고 베일에 싸인 두 얼굴
성경도 버리고 숨어버린 도망자
해리슨 포드(1993년) 도망자 영화가 스쳐간다.

궁할 때 든든한 피난처가 되어줄 십자가로 돌아오라
죄의 용서와 육신의 부활을 위하여 영원한 행복을 추구하라
마귀의 유혹에 눈이 가리어 헤매는 그대여,
최후의 만찬 때 베드로가 예수님께 물었던 말을 기억하라.
쿼바디스 도미네.

*2014.6.6. 현충일에

제3부
태백산 길잡이

속리산 문장대 기념

달밭골 산장

소백산 자락길에
쉼터 하나 있으니
오가는 기러기도 찾아드네.

농월정 종소리에
시 한편 읊으니
산새도 날아들어 가슴에 안기네.

친구여, 오늘 하루
그냥 지나지 말고
오순도순, 가는 세월 잡아보세.

*2014.5.25.
*농월정 : 달과 함께 즐기는 자락길 산장
*달밭골 : 경북 영주시 풍기읍 삼가동 소백산 산골
*대전문학(65호)

태백산 길잡이

백구 한 마리가
단군신화의 환생인지
태백산 천제단을 지키고 있다.

민족의 성산 용정龍井 물을 마시고
문수봉을 바라보니
생애의 역사가 구름 위에 맴돈다.

누구의 명령도 없이 장군봉에서 문수봉까지
3킬로가 넘는 산길을 안내하는 백구
아무런 통교도 없이 눈빛만 보고
사랑이 넘치는 젬마에 정을 느껴
산돼지가 우글거리는 깊은 산길에
길잡이가 된 태백이.
오늘부터 너의 이름을 태백이라 명명한다.

깊은 숲속 산 능선을 몇 번 넘어
단군왕검 때 쌓은 돌무덤 문수봉에서
꼬리를 흔들며 마지막 작별 인사를 하고
뒤돌아 가는 태백이….
내일은 누구의 길잡이가 될는지

누구의 눈빛을 마주할는지
하루하루 마음에 의문의 점 하나 남긴다.

*2014.7.6. 4번째 등산
*태백산 천제단 : 환인 환웅 환검 3신을 모시고 하늘에 제사를 드리는
 태백산 장군봉(1,567m) 정상.
*대전가톨릭문학회(2014,2월호)

오대산 성지

비로봉은 천상의 정원을 이루었고
전나무 숲길은
지나온 세월을 이야기한다.

석조좌상 보살은
구층 팔각 석탑 앞에서
온갖 세상 탐욕을 씻어주고.

문수도량 성지
월정사 상원사 적멸보궁
중대사암의 불경소리는
세속 마음을 열어준다

봉평 마을에
메밀꽃 필 무렵이면
계곡에 물소리도 축제를 이루고
메밀곡주 향기에 시인이 된다.

*2014.8.24.
*오대산 : 강원도 평창군 진부면 간평리
*적멸보궁 : 부처님의 진시사리를 모신 성지
*문수도량 : 신라의 고승 자장율사가 중국 당나라의 오대산 문수산양을
  신라에 받아들여 수용한 곳

환선굴幻仙堀을 찾아서

　덕항산 환선봉은 백두대간 분수령을 이루고 병풍산 암벽 촛대봉은 하늘을 떠받들고 있다. 덕항산 계곡 따라 무릉천은 오십천에 합류하고 천지창조 때부터 생성된 종류석 환선굴은 세상에 태어서 동양 최대를 자랑한다.

　열 개의 호수는 환선굴 속 신비를 비춰주고 크고 작은 폭포는 생명의 발원지 숨소리 크다. 퇴적된 점토층이 만리장성을 만들고 논두렁 물이 넘쳐 계단식 논을 형성했다. 눈길 끄는 성모상과 좌불상 하트 모양의 결정체 관람길 편안하게 수천 톤의 스덴 파이프 계단길 환선굴 해발 800미터 입구까지 모노레일 놓았으나 산을 즐기는 산행인은 구슬땀 흘려 걸어 오른다.

　조상님들 생활모습을 굴피집 통방아가 말해주고, 고냉지 채소밭 일구어 연명했던 강원도 삼척골짝 오늘도 졸졸 개울 물소리는 애간장만 태운다.

　*2014. 7. 6. / 환선굴 : 강원도 삼척시 신기면 대아리 산117
　 (개방일 : 1997. 10. 15)

만남의 노래

선비주 한 잔에 선비가 되네
시 한편 읽어 시인이 되네.

술잔에 평화를 담아 바람에 띄우니
소백산 골짝마다 자유의 종이 울리네.

뻐꾸기 노래 소리 골짝에 넘치고
비로봉 정상에는 산악인 천지로세.

자락길 산악지방 농월정 산장에
김진선 터줏대감 웃으며 맞이하네.

*2014.5.31. 5월의 장미꽃 향기에 취해서….

속리산 문장대

속리산 정상에 올랐다.

운장대雲藏臺는
구름 따라 떠나갔고
문장대文藏臺는 시를 벗 삼아
위엄 있게 앉아있다.

천황봉 비로봉 문수봉 신선대는
가슴을 붉게 물들이고
곱게 단장한 가을 선산仙山도
낙영산 도명산에 그림을 그린다.

잠시 세속을 피해
속리산 문장대에 올라
신비로운 자연을 노래하니
산을 벗 삼아 시 한 수를 남기라 한다.

*2014.10.26.
*문장대(文藏臺) : 충북 보은군과 경북 상주시 화북면 경계에 있는 암봉
*선산(仙山) : 중국 장가계(張家界) 천문선산(天門仙山)에 비유

철쭉제

세월을 멈추는 축제의 불꽃
불바다 이룬 발악월경 축제.

능선별 개화 시기 침묵만 하고
민심이 천심이라 가지마다 낙화로세.

하늘도 울고 땅도 눈물 짓는데
지리산 영산에도 꽃잎만 쌓이네.

돌산길 바래봉 천혜의 비경
철쭉꽃 산행길 발걸음만 무겁네.

*2014. 5. 18.
*철쭉제 : 전라북도 남원시 운봉읍 지리산 바래봉(1165m)
*발악월경(鉢岳月磬) : 운성(운봉)의 10대 명승지의 하나, 바래봉 달빛
 아래 독경의 종소리 흐르던 곳.

시월의 단풍

시월의 마지막 날
길 따라 물길 따라 살아온 세월
빨간 단풍처럼 물들어 간다.

미운 정 고운 정 세월에 담아
구름 따라 허공에 날려 보내고
아쉬움 하나 없이 나그네 길 걷는다.

호숫가 갈대밭에
황혼이 짙어질 때
시월의 단풍처럼 시 한편 남긴다.

*2014.10.31.

하늘다리

구름 위에 떠 있어
하늘다리라 했을까
하늘 빛 닮아서
하늘다리라 부를까

태백산 원지 낙동강 1,300리
청량산 안고 흘러 구름다리 놓았나,

하늘다리 건너온 황산에 기암괴석
청량산 12봉에 영객송 손짓 하네.

바람이 소리를 만나면
너도 나도 하나 되어
청량수 되어
구름다리 건너서 갈까.

＊2015.5.13. 안동 청량산 산행에서
＊황산 영객송(迎客松) : 중국 황산에 1,500년 된 소나무
＊청량산 12봉 : 장인봉, 선학봉, 자란봉, 축융봉, 경인봉, 금탑봉,
 자소봉, 연적봉, 탁필봉, 연화봉, 향로봉, 외장인봉.
＊대전문학연구총서7(2015,p.333)

황악산에 올라

삼도 도계三道道界에 접한 황악산
백두대간을 이어주는 비로봉 정맥
각처에 산악인들이 즐겨 산을 찾는다.

충청도 전라도 경상도가 어울려서
자연의 옷 입고 세상을 바라보니
과연 이 나라 이 땅은 금수강산이로다.

오늘도 비탈길 오르고 또 오르니
산나리 곱게 피어 땀방울 씻어 주고
또 다시 찾아오라고 발목을 잡는다.

운무에 쌓인 황악산 학의 모습
직지사 운수암 승려들의 불경소리
물소리 새소리가 비로봉에 쌓이네.

*2015. 7. 5.
*황악산(黃岳山) 비로봉 : 1,111m, 김천시 직지사 뒤편 산

제4부
인간관계

소백산 산행 기념

인간관계
― 한 송이 꽃

글짱들
셋이 모여 글 노래 부른다.
주고받은 술잔에 동백꽃이 핀다.

짝사랑
너무나 아름다워 쳐다만 보다가
친구가 꺾어간 한 송이 꽃
소설 속에 쌓인 비구니의 사연
시인의 베일 속에 꽃씨만 뿌리네.

윤회의 봄
너와 내가 하나가 된 관계 속에서
사나이 가슴에 쌓인 한풀이
콤콤한 홍어탕에 이슬이 내린다.

*2015.1.22. 문학사랑 합평회를 마치고
*비구니 : 출가해 승려가 지켜야 할 348가지 구족계를 받은 여자 승려
*대전문학(2015.67.봄호)

인간은 미완성
— 뇌출혈로 입원 중에

황금비율로 창조되어
아름다운 세상에
고통이 있어
인간은 미완성일까

하늘의 명령에 따라
태어난 인간은
거센 파도에도 굳굳히 지키는
방파제처럼
푸른 침묵으로
뇌를 지키는 소나무처럼

삶과 죽음의 여정을
선물로 받아 그 님의
뜻에 따라 살아가는
인간은 미완성의 운명이다.

*2014.11.29 ~ 12.15.
*황금비율 : 고대 수학자 피타고라스가 발견한 1:1.618의 피보나치 수열

짧은 인생

나는 행복합니다.
믿음이 있어 행복합니다.
함께 하는 님이 있어서 더더욱 행복합니다.

달팽이 뿔 같이 조그만 땅에서
부싯돌에서 튀는 불꽃처럼 짧은 인생
가족이 있고 당신이 있어 행복합니다.

채워도 모자라는 반딧불 욕심
백거이의 큰 웃음 겸손하게 노래하며
부자든 가난하든 기쁘게 삽니다.

철따라 피어나는 꽃이 있고
위로의 술잔을 나누는 벗이 있어
사순절 십자가 길에서 행복을 간직합니다.

*2015.3. 춘삼월, 사순절을 지내며
*백거이(白居易, 772~846) : 중국 당나라 당대시인. 이태백, 두보,
 백거이 그 중 한 사람.

나의 길

나의 삶은 어디까지일까,
길 따라 물길 따라 살아온 길
오늘도 마봉루 산길을 걷는다.

영롱한 물방울
가지마다 류관순의 봄 편지
발자국이 남긴 길
봄비에 젖어 새싹이 움틀 것 같은
내 모습.

조상 어르신들 묘소
양지바른 언덕에 모셔 놓고
어지러운 세상사 침묵의 기도
묘소 앞 소나무가 발길을 잡는다.

*2015, 3 ·1절. 영일만 호미곶 산행에서

나의 삶

누습漏濕 쌓인 인생길에
거풍이 일듯
나의 하루하루에
봄바람이 스민다.

아름답게 건강하게
용기있게 사시라고
뒷받침하는
자손이 고맙다.

희 노 애 락이 주는
내 영혼의 무지개
자연이 주는 시상은
매화가지의 꽃 향기다.

*2015. 2. 7.
*거풍(擧風) : 옛 선조들이 날이 더우면 산마루에 올라 음랑의 습기를
 제거하고 자연의 정기를 받아 양기를 얻는 것

설곡雪谷

높은 산 깊은 계곡
첫눈 내려 쌓인 설곡
미사포 쓴 당신이 기도드린다.

한세상 묻은 허욕
당신의 기도 백설이 되어
향적봉 가지마다 상고대 되었네.

장엄한 설한 설경
가장 작은 새싹 잉태하고
봄소식 빛을 받아 사르르 녹아나네.

산은 하늘만 바라보고
나는 당신만 바라보며
있는 듯 없는 듯 빈손으로 살아간다.

*2014.10.15.
*향적봉 : 무주 구천동 덕유산 정상
*상고대 무송(霧松) : 영롱한 얼음 결정체
*대전문학(2014.66.겨울호)

나 홀로

창밖에
송죽들이 외롭게 서있는데
산 위에 높은 철탑 누구를 기다리나

낙엽은
님 따라 어디로 날아가고
나 홀로 지친 듯 망부석이 되었네.

가을비 오락가락
하늘은 울상이네
당신은 떠나가고 내 마음 여백인가.

금혼식 날에

칠성성당 종소리 퍼지던 날
당신과 나는 혼인서약을 했지.
하느님 앞에서
떨어지지 않겠노라고
두 손 잡고 약속한 지 어언 50년!

갑오년 청마의 해
고희를 지내는 지금
당신은 대전에서 나는 포항에서
금혼식 날을 지내며 지난날을 회상한다.

우리의 삶이 하느님의 명령으로 알고
순종과 기쁨으로 살고 있다.
몸이 부수워져라 살아온 당신
그림자 같이 항상 따르신 당신
자손 귀한 가문에서
문지방에 꼬추와 숯을 4번이나 달으시고
자손과 가정의 번영을 빌며 사셨다.

가을 낙엽은 초겨울을 준비하는데
날리는 빗줄기는 빈 가슴을 두들기고

앞산 푸른 소나무는
언제나 침묵하며 서있는데….
나는
1964년 11월 24일이 떠오른다.

요양원을 찾아서

봄비 내리던 날
요양원 정원에 이슬이 맺혔다.

어머니 사랑으로
따뜻한 손잡고 살던 누님
한세상 끝자락에서 요양원 신세라니.

초점 잃은 눈방울
귀도 어둡고 말하기도 어려워
떨어지는 꽃잎에 눈물만 쌓인다.

건너지 못한 강가에 서서
갈대처럼 노래 부르며
내일은 내가 가야할 길을 본다.

*2015. 4. 6. 문학사랑(2015. 112. 여름호)

잔치

창밖에는 황홀한 네온사인이 다채롭고
계룡 스파텔에는 문향이 넘쳐흐른다.

시인 노금선의 시 낭송
성악가 김청자의 축하노래
축하객들의 박수갈채는
출판기념식을 더욱 풍요롭게 했다.

고희를 맞이하여
김화자의 첫 시집 '꽃잎편지'
잔잔한 호수에 파문이 일어
밤이슬 기다리며 추억을 새겼다.

*2015.2.7.

제5부

흐르는 물

성거산 시화전 출품

흐르는 물

갑천에 발을 담그고
홀로 서서
긴 모가지 치켜들고
하늘만 바라보는 흰 두루미 한 마리

스쳐간 옛 친구 생각에
유림 공원 팔각정에 앉아
그리워, 생각이 나서
동동주 앞에 놓고 흰 두루미를 부른다.

고운 정 지겹던 정
흐르던 물속 그림자 되어
영산홍 꽃동산에 날아들며
지저귀는 까치 떼 소리가 정겹다.

문학을 나누고 고향을 나누던 친구
바늘귀 달고 큰 말 타고
물같이 흐르던 그 자리
오늘은 안면도 소나무가 빈자리를 지킨다.

*2014. 4. 19.
*친구 : 배달순(사도요한) 『그 자리에 가고 싶다』 한영 대역시집 작가

튤립을 보며

수만 평에 피어있는 튤립을 보고 있으면
진도 앞바다에서
억장이 무너져 내린 어머니의 모습을 본다.

하늘도 울고 바다도 통곡하는데
꽃들은 피어 추모 행사에 앞선다.
악마에 맞선 평화의 군단 같이
안면도 1,300리 튤립으로 피었다.

두 손 모아 소원을 비는 백합꽃 같이
촛불 하나 켜 들고 부활한 넋을 기린다.
빗방울 맺힌 갈매기 한 마리가
구명의 비행기처럼 바다 위를 난다.

*2014. 4. 26~27.
*안면도 탐방 튤립 축제에서

야생화

산다는 것보다
더 아름다운 죽음

야생화로 피어난
순교자의 삶

쓰러진 넋들이
성거산에 피었다.

스스로 떨어진 들꽃
활짝 하늘에 피었다.

불빛

둑을 걸으며
엑스포 대교에 네온사인
춤추는 불빛을 바라본다.

꼬리를 물고 달리는 자동차 불빛
별자리 내려앉은 듯한 도성의 불빛
어두움이 짙을수록 환한 불빛
내 마음에도 추억이 춤춘다.

크메르 제국의 찬란한 불빛
천년의 역사가 신비에 잠들고
어두운 캄보디아 하늘,
측은한 아이들의 눈빛이
흐르는 갑천 물에 어른거린다.

*2014.1.30. 캄보디아 앙코르와트를 다녀와서

고사리를 꺾으며

고고한 선비의 모습
천진스런 아이의 손 같은
솔깃한 여인의 순정을 꺾는다.

조상의 전통을 이어주는 나물
배 고팠던 지난 시절의 기억들
고달픈 생명의 힘이었다.

수양산의 고사리
백이와 숙제의 일용할 양식
운제산의 고사리는
나의 피와 살이 되었다.

*2015.5.5.
*수양산(首陽山) : 중국 하남성 낙양현 동쪽에 백이와 숙제의 사당이
 있는 산
*백이(伯夷)와 숙제(叔齊) : 은나라 제후 고죽군의 두 아들,
 중국의 전설적인 고사리 성인형제
*대전문학연구총서7(2015, p.334)

연꽃 앞에서

궁남지 연꽃
서동요에 얽힌 사랑
나 또한 연향에 취해 주인공이 된다.

수련, 홍련, 가시연
고귀한 모습 그 향기
연잎 찻잔에 삼천궁녀 떠오른다.

전설의 대하연
꽃향기 세상을 가득 채우고
우리도 아름답게 사는 사람이 되라한다.

7월의 축제
태양이 쏟아지는 절정
연꽃 앞에서 계향충만을 느낀다.

* 2014.7.19.
* 연꽃 축제 : 충남 부여군 부여읍 동남리 117
* 계향충만(戒香充滿) : 한 송이 연꽃이 연못을 향기로 가득 채운다는 뜻

네온의 불빛

망년마다 찾아온 추억의 깃발
트리의 불꽃이 깜박인다.

에스 포항병원 405호실에
뇌출혈로 병상에 누운 신세

청마의 해를 맞이하여
결혼 50주년 고희년을 지낸다.

깜박깜박 스쳐간 세월
네온의 불빛으로 운명을 비추고

아직도 회개하지 못한 작은 일들을
마지막 피정으로 대림절을 보낸다.

*2014.12.15. 병상에 누워서

불꽃 축제

펑펑 터지는 소리
민족의 함성
터질 것만 같은 심정
물방울 같은 마음에 빛이 스며든다.

불꽃 쏟아지는 밤
갈매기 날고
바다는 파도 타고 춤을 추는데
어둠에 쌓인 달이 잔비를 뿌린다.

죽도시장의 활기찬 불빛
포항운하에 흐르는 맑은 물
형상강 하구에 유람선 한가롭고
포스코 용광로에 불꽃이 넘친다.

*2014.8.2. 제11회 포항국제불빛축제에서

시화전詩畵展 앞에서

소나무 가지마다
예향藝香이 넘치는 숲길에
정취를 느끼는
저마다 자작시自作詩가 후조候鳥처럼 걸려있다.

순교의 흔적이
신앙의 가슴, 가슴마다
들꽃으로 피어나
다채롭게 시인의 눈길을 아스라이 스쳐간다.

밤새워 습작한 시詩 한편
창조의 신비를 묵상하며
둥지를 튼 철새처럼 날개를 접고
시화전에서 '고독'을 읊으며 숨길을 돌린다.

*2015.6.20. 대전 가톨릭 문학회 시화전을 보며
*후조(候鳥) : 철따라 환경에 맞는 곳으로 옮겨가며 절조를 지키며
 살아가는 새

제6부
비바 파파

비바 파파, 교황님 환영

비바 파파
— 대전 종합경기장과 서울 광화문광장에서

희망을 주시는 치유의 미소를
우리는 보았습니다.
평화의 전달자 백의白衣 천사를
우리는 맞이했습니다.
붉은 깃발처럼 파도를 타며
교황님 만세, 프란치스코 만세를 불렀습니다.

성모승천 대축일에
"거위의 꿈" 인순이의 열창
"넬라판타지아" 조수미의 벨칸토
백건우의 피아노 연주
교황 성하의 축복이셨습니다.

교황의 붉은 성의,
장안에 태양이 되어
124위 순교자를 복자품에 올리셨습니다.

이렇게 기쁜 날
내리던 비도 멈추신 하느님
순교자, 이 땅에 겨자씨를 심으셨습니다.

*2014.8.15~16. / 비바 파파(viva papa) : 교황님 만세,
*벨칸토(bel canto) : 18세기 이탈리아에서 성립된 발성법의 한 가지

치유의 미소

하느님은 사랑이십니다.
사랑 안에서 우리는 평화의 인사를 나눕니다.
프란치스코 교황님의 미소,
거룩한 성체 안에 사랑의 미소가 떠오릅니다.

키 작은 자케오가 나무 위에 오르듯
옷자락만 스쳐도 치유되리라 한 여인의 믿음,
오늘 나의 극성스러운 신앙의 성숙입니다.

당신이 심어놓은 겨자씨 나무 그늘에서
우리는 찬미와 흠숭의 노래를 부릅니다.
하늘에는 비둘기 날고
땅에서는 온갖 새들이 모여 먹이를 찾습니다.

햇빛 쏟아지는 하늘 아래
당신의 편안한 미소에 감읍하면서
목마른 영혼에 꽃씨를 심습니다.

*2014. 8. 20.
*치유(治癒) : 심리적인 안정감을 주는 것
*대전가톨릭문학회(2014. 2월호)

그림자

눈뜨면
떠오르는 평화의 미소
영혼의 빛 그 광원光源
생각마다 그리운 교황님 모습

눈감으면
떠오르는 빛과 그림자
인자한 미소 그 흔적痕跡
성 프란치스코의 작은 그림자

있는 듯 없는 듯
프란치스칸의 발자취
거룩한 성찬 전례의 축복
이 목숨 다하도록 나를 따르네.

*2014. 8. 25.
*프란치스칸 : 이태리 아씨시 작은 마을에서 태어난 프란치스코 성인의
 영성으로 살아가는 가족들
*한국가톨릭선집(2015. 제4집)

기적을 체험하며

승리는 죽음뿐인 것을,
보람도 슬픔도 허무만 남기고
빈손으로 떠나야할 이 세상
아직도 끝이 보이지 않은 곳으로
달리고 있습니다.

네 번이나 큰 수술을 받고
곳곳마다 높은 산 두루 종주하며
일 년에 세 번이나 해외여행을 하면서
노익장의 모습으로 살아가고 있습니다.

성전에 가는 일
산행을 하는 일
글 쓰는 일이 나의 일과입니다.

십자가를 바라보며 성체를 모시고
자연을 벗 삼아 인생을 찾고
살아온 발자취 흔적을 새겨가며
이 자리에 있는 것이 기적입니다.

*2015. 춘삼월에

성지순례

진목정 성지
순교자 땅에 핀 꽃향기 맡으며
전대사 특권으로 하느님을 만났네.

천막성당 잔치 상 앞에
이동성당 교우님들
토마스의 믿음으로 순교자의 길 따르네.

단석산 줄기 도매산 골짝
호랑이 굴에서 맺은 세 분의 인연
순교의 약속, 천국의 만남이네.

휘두른 칼날 아래 저 산은 푸르고
흐르는 개울물 순교자의 넋
진목정 성지순례 부활의 여정이네.

*2014.7.3.
*진목정 : 경북 경주시 산내면 의곡리 골짝
*순교자 세 분 : 허인백(許仁伯 야고보), 김종륜(金宗倫 루카),
 이양등(李陽登 베드로)
*대전가톨릭문학회(2014.2월호)

야생화의 넋

산다는 것은
죽기 위해 살아가는 것이다.
사는 것이 순교자라면
야생화의 넋이 순교자의 삶이다.

누구 하나 돌보지 않아도
야생화는 꽃이 핀다.
하늘만 쳐다보고 살며
세상의 온갖 영화 다 버리고
야생화는 씨앗을 위해 꽃을 피운다.

하늘이 내려준 빗물로
곱게 귀걸이 달고
한평생 춤추며 살아가는 것도
죽기 위해 살아가는 것이다.

하늘과 땅이 통교하고
야생화 향기 발걸음 멈추게 하여
동방 순방길에 오른 프란치스코 교황님
124명의 순교자 성인품에 봉헌하신
한국의 야생화 순교자의 이름이여!

*2014.5. 성거산 성지 시화전 출품 시

소리

테라스에 앉아서
고층 건물, 푸른 산, 깊은 골짝을 바라보며
개구리 우는 소리에 밤을 즐긴다.

소리에 익숙한 우리의 일상
자동차 소리, 술잔 깨지는 소리 들으며
바람소리, 새 우는 소리에 시를 읊는다.

역겨운 소리 정겨운 소리에
역사는 스스로 만들어 가고
고진감래, 마음에 별빛이 흐른다.

개구리 우는 소리에 밤은 깊어가고
청운의 꿈 백발이 되어
추억을 먹고사는 인생을 돌아본다.

하늘은 비 내리고
땅에는 생명을 키우니
어제와 오늘의 공간에 소리가 쌓인다.

*2014.5.30. 힐타운 테라스홈에서
*문학사랑(2014.가을호)

고독

활짝 핀
수난의 꽃들이
차가운 바위처럼
터질 것만 같은 내 마음에 안긴다.

안개 낀 하루
봄비라도 내리면
얽매인 눈물 꽃잎에 띄우련만
사순절 십자가 길에 고독만 쌓인다.

먹구름 가득 찬
술잔을 들고
목마른 외로움에 갇혀 있을 때
돌아올 님 기다리며 부활을 맞는다.

*2015. 4. 5.

고래치의 낭만

볼품없는 고래치가 추억을 만들어
주차장 관리실에 이야기꽃이 피었다.

본당 마당에는 족구 행사가 한창이고
교우 가족들은 편을 지어 후원을 한다.

차 아오스팅 형제가 그동안 낚시하여
잡아 온 잡어 몇 마리가 눈길을 끈다.

보기 좋은 과일이 먹기도 좋다지만
못생긴 모과는 그 향기가 감미롭다

귀하신 자매님이 능숙하게 칼질하니
고급 횟감은 아니지만 꼴값은 한다.

주고받는 소주잔에 우정을 담아
꼭꼭 씹는 맛이 고래치의 낭만이다.

＊2014. 11. 9.
＊고래치 : 노래미 같은 어종의 이름, 포항지방에서 부르는 방언

빛

촛불 하나가
온 세상을 밝힌다.
불쏘시개가 된 불빛
하늘에 문을 연다.

성주간에
빛이 되신 님
탄원 기도 들으며
부활의 촛불 밝힌다.

죽기 위해 살아가는 것
살기 위해 죽는 세상
기쁨이 넘치는 나라로
홀홀 떠나신 님이여,

기도가 빛이 된
세월호 참사자들
영원한 하늘에서
어두운 이 세상을 비추어 주소서

*2014.4.19. 부활성야 봉헌미사에서
*대전문학(2014.64.여름호)

반달半月

하현 반달이
여름 밤하늘을 비추고
하지감자 먹으니
어머님 모습 떠오른다.

가뭄에 긴 여름
개구리가 기우제를 지내는지
긴 여름 지겨워 목놓아 우는 건지
짧은 밤 아쉬워 사랑 노래 부르는지
애절한 세상사 저 달은 알겠지

우리의 소원
하늘에 별빛같이 민족화해 이루고
은하수 다리 놓아 남북통일 이루기를….

*2015. 6. 22. (하지)
*하현반달 : 24절기 중 하나인 하지는 음력 7-8일경의 반달은 상현
 이라 하고, 양력 22-23일의 반달은 하현반달이라 구분한다.

제7부
시가 있는 곳

마산 월영대 황금돼지

시詩가 있는 곳

가을엔 어디론가 떠나고 싶다.

무학산 기슭에
시인 이은상 시비가 서있고
돝섬 지키는 황금돼지가
가을 햇살에 빛나고 있다.

월영대 조각공원
창동 예술촌에서는
오동동 술타령이 떠오르는데
시는 낙엽처럼 거리를 쓸고 간다.

갈매기는 마창대교를 넘나들고
시제는 물결 위에 은빛처럼 반짝인다.

시가 익어가는 포도알
영동축제에 와인 맛이 넘치고
가로수에 열린 홍시는
시인의 마음같이 빨갛게 익어간다.

*2014.9.27. 문학사랑 문학탐방
*대전문학(2014.66.겨울호)

월영대月影臺 황금돼지

전설의 월영대
시를 잉태한
황금돼지 마산을 지킨다.

사라호 태풍의 위력도
매미의 강풍도 막아주던 돝섬
오늘은 자유롭게 갈매기와 노래한다.

시와 함께하는 산책길
출렁이는 다리
야곱의 사다리를 오르내리듯
베텔의 이스라엘 같이
황금돼지가 귀를 쫑긋한다.

최치원의 문학 무대
이은상 시인이 이어받아
복 많은 돼지가 아이콘이다.

*2014.9.27. 문학사랑 마산 문학탐방
*야곱의 사다리 : 하늘과 땅을 오르내리는 천사의 길
*베텔의 이스라엘 : 야곱의 꿈 (다니엘서 7;9~10.13~14 참조)

예향藝鄕의 도시

갑오년 청마靑馬의 해에
통영을 찾았다.

충무공의 전첩戰捷 한려수도
삼도수군의 통제사 통영
거북선이 지키고 있다

망일봉 기슭에는
청마 유치환柳致環의 깃발이 펄럭이고
김춘수의 전시관은
곱게 핀 동백꽃이 안내를 한다.
박경리의 묘소 앞 비석은
통영의 명품 나전칠기가 빛을 낸다.

문화 예술의 도시
가을낙엽은 통영바다에 추억을 띄우고
청마靑馬는 오늘도 내일도 영원히 달리리라

*2014.10.18. 대전문인협회 통영 문학탐방
*망일봉 : 경남 통영시 망일1길 82 (청마문학관)
*나전칠기(螺鈿漆器) : 자개 조각을 여러 모양으로 박아 붙인 공예품

녹차 밭에서

다茶원의 향기를 휘감는 산책길
득량만 파도가 찰랑거린다.
신이 내린 녹차 밭
우리 마음에
푸른 물결의 등고선이다.

연초록 가지마다
봄바람이 인다.
하늘 아래 푸른 미소
철따라 따는 잎새
비둘기 날개를 휘감는 녹차 향기

율포 해변 솔밭은
녹차 파도가 넘친다.
둘러 봐도 푸른 물결이다.

*문학사랑(2015, 가을호)

모과 木瓜

향기가 나는 사람은
모과나무 같고
향기 없는 사람은
허수아비 인생

5월이면
분홍 꽃 곱게 피고
가을에는 황금알 향기
열매는 약재로 쓰고
나무는 화류장 만든다.

잘난 사람 못난 사람
제각기 사는 세상
하늘에 순응하고
사람들에게 봉사하는
모과나무 인생

*시월의 어느 날에
*화류장(樺榴欌) : 세월의 고태미가 느껴지는 3, 7층의 장롱

염려念慮만 남기고

재상이 낙마하던 순간
어진 백성은 염려만 남기네.

별이 떨어진 자리에는
하늘도 놀라 천둥을 친다.

역사는 세월이 몰고 가는데
폭우는 왜 쏟아지고
하늘은 왜 우는가,

어지러운 민초들은
국난사양상에 희망을 건다.

*2014.5.28.
*국난사양상(國亂思良相) : 나라가 어지러우면 어진 재상을 생각한다는 뜻

연정戀情

화봉산 푸르름이 갑천에 흐르고
어머님 생각에 뻐꾸기 노래하는
엑스포 아파트, 살기 좋아 둥지를 틀었다.

삼대가 함께 사는 일곱 식구 대가족
세탁기 두 대가 밤낮으로 돌아가고
전민동 성모상이 날마다 부르시네

별들이 모여 사는 엑스포 연구단지
화봉산 숲길에 시 한 편 남기니
갑천둑 산책길에 물오리도 춤을 추네.

임 찾아 오가는 한빛대교 그늘 아래
정들면 고향이라 연정을 느끼며
이 목숨 다하도록 갑천에 글을 쓰리.

*2014.6.20.
*대전문학연구총서6(2014)

이사하는 날

새벽녘 닭 우는 소리에
마음 설레게 무지개 뜬다.

힐타운 테라스 하우스
조용한 하늘 아래 자리 잡고
소나무 대나무 성을 이루어
외계인을 성주로 초대하였네.

송도 바닷가에서
깊은 숲으로 들어가는 길,
새들이 조잘대는 비상 따라
나는 자유롭게 하늘을 난다.

*2014.5.23. 장미꽃, 5월에 집을 옮기며

포항역에서

봄비 내리는 포항역에서
이별의 손 내리기도 전에
소리 없이 KTX는 종점을 떠난다.

추억이 쌓여갈 포항역에서
이인지구 도시개발 불도저 소리
메디칼 건물, 꿈이 아롱거린다.

떠나는 그대 모습
돌아서는 나의 쓸쓸함이여,
떨어지는 꽃잎이 이별을 고한다.

님은 가고 4월은 오는데
영일만 수평선에 은하수 놓고
푸른 마음 가득 싣고 종점에서 만나리.

*2015.4.1. 포항 KTX 개통역에서

호미곶 단상

영일만에 출렁이는
파란 눈동자
호미곶 구룡포에
등불이 된다.

수평선에 떠오르는
찬란한 태양
동해바다 상생의 손
꿈을 만든다.

호미곶 바닷가
봉수대 마루봉 까지
산 넘고 능선 따라
산행길 40리

산은 산이라 좋고
자연은 바다가 좋아
파도가 춤추는
해파랑길 걷는다.

*2015.6.28. 호미곶 산행 중에

빗속의 산행

영일만 파도가
바람에 날린다.
비에 탱고
찾아온 가을비
춤추는 새파랑길

빗속에 산행 길
땀에 젖어 비에 젖어
자연에 젖는다.

걷고 또 걷는 길
끝없는 산길
높고 높은 길, 나의 인생길
언제까지 이 길을 걸을지

우뚝 선 마봉루는
빗속에서 속삭인다.
자연이 부를 때까지.

*2015.9.6. 비 내리는 호미곶 산행

‖ 작품해설 ‖

신앙의 신비, 그리고 사랑의 힘
― 김영우 시인의 3시집 해설

문학평론가 리 헌 석
(사)문학사랑협의회 이사장

1.
설곡 김영우 시인의 최근 삶은 본인의 고백처럼 기적에 가깝다. 장년기에는 사업에 성공하여 승승장구하였고, 부산라이온스클럽 회장을 역임하며 사회봉사에 앞장을 섰으며, 자녀들도 잘 자라서 유복한 가정을 이루었다. 그러나 1990년대 후반에 불어 닥친 IMF 사태는 시인의 삶을 송두리째 흔들었고, 그 여파로 삶의 의욕을 상실하기에 이른다.

고난의 여울에서 헤어나지 못할 때, 가톨릭 신앙이 시인을 구원하는 밧줄이 된다. 1980년에 성지성당의 사목회 회장을 역임할 정도로 건실한 신자였기에 어지러운 마음을 기도로 극복한다. 그 바탕에서 만난 문학 창작이 희망의 불빛을 밝힌다. 한밭대학교 실용문예창작과에서 4년간 수련한 그는 수필(2009)과 시(2010)로 등단하여 본격적인 창작활동에 나선다.

2011년에 수필집 『아내의 십자수』를 발간하여 사랑이 충만한 삶을 그려낸다. 이어 2012년에 1시집 『길 따라 물길을 따라』를 발간하여 신앙의 순수성과 모성의 아름다움을 형상화한다. 고희(古稀)를 넘긴 노 시인은 2014년에 2시집 『갈맷길을 걸으며』를 발간하여, 금혼(金婚)을 맞은 시인의 아름다운 서정을 담아낸다. 그의 시혼은 더욱 가열하여 2015년에 3시집 『비바 파파, 치유의 미소』를 발간하여, 지고(至高)한 신앙의 깊이를 지탑(紙塔)으로 세운다. 이 시집에서 자신을 간명하게 노래한 시가 「자화상」이다.

> 물처럼 살았습니다.
> 바위같이 지냈습니다.
>
> 기적을 체험하며
> 믿음으로,
> 시상에 젖어
> 지금 살아가고 있습니다.
>
> ― 「자화상(自畵像)」 전문

6행의 단형시지만, 이 작품의 행간(行間)에는 복잡 다양한 삶이 압축되어 있다. 희수(喜壽)를 맞아 지은 「갑오년을 보내며」에서 그 일단이 드러난다. 〈척추, 폐암, 감마나이프 수술까지/ 하느님이 주신 선물 달게 받으면서/ 소백산, 오대산, 태백산, 설악산/ 정상을 종주하며 노익장을 과시했다.〉면서 신체적 고통을 신앙심으로 극복하고, 등산을 통해 건강을 되찾은 생활을 확인한다. 〈캄보디아 천년의 신비 앙코르와트/ 베트남의 하룡베이 3천개의 섬/ 중국의 장가계 원가계의 비경을 보며/ 글을 쓰고 발자취를 남겼다.〉면서 외국 여행을 통한 삶의 희열을 문학 작품으로 승화한다.

이렇게 김영우 시인이 빚은 작품들은 대부분 기적의 발자취다. 말하자면 생활의 편편(片片)에서 생명의 아름다움을 찾아내고, 신앙의 신비와 은혜에 감사하는 삶의 족문(足紋, foot print)이다.

2.

김영우 시인의 신앙심은 자연의 이치도 하느님의 섭리로 인식한다. 2014년 8월에 한국을 방문한 프란치스코 교황에 대한 존경심이 지극하다. 〈교황님이/ 남기고 가신 말씀/ 이 땅에 씨앗이 되어/ 새 봄에 움트는 소리 들린다.〉면서 복자품에 오른 순교자들에 대한 외경심으로 봄을 맞는다.

때로는 뇌출혈로 입원 중에 쓴 작품에서 〈황금비율로 창조되어/ 아름다운 세상에/ 고통이 있어〉 인간은 미완성이라는 깨달음에 이른다. 〈하늘의 명령에 따라/ 태어난 인간은/ 거센 파도에도 굳굳히 지키는/ 방파제처럼/ 푸른 침묵〉으로 세상의 파수꾼 역할을 다해야 함을 깨닫는다. 그리하여 〈삶과 죽음의 여정을/ 선물로 받아 그 님의/ 뜻에 따라 살아가는/ 인간〉으로서의 본분에 충실하고자 한다. 이러한 자세가 김영우 시인을 견실한 시인으로 거듭나게 한다.

     산다는 것보다
     더 아름다운 죽음

     야생화로 피어난
     순교자의 삶

쓰러진 넋들이
성거산에 피었다.

스스로 떨어진 들꽃
활짝 하늘에 피었다.

—「야생화」 전문

그는 병상에서 '성거산 순교지'를 연상한 듯하다. 순교자들의 넋과 희생을 기리며, 그분들이 가신 길을 되밟아 체험하던 순례길을 조감한다. 〈산다는 것보다/ 더 아름다운 죽음〉은 신앙의 정점에서 구할 수 있는 역설적 잠언이다. 〈야생화로 피어난/ 순교자들의 삶〉은 고도의 은유가 빚어낸 절창이다. 〈쓰러진 넋들이/ 성거산에 피었다.〉는 인식은 순교지역에 대한 사랑이다. 〈스스로 떨어진 들꽃/ 활짝 하늘에 피었다.〉에서 시인은 순교자들이 복자품에 들게 된 아름다운 결실을 찬탄(贊嘆)한다.

이와 같은 신앙 고백은 교황에 대한 존경심에 근거한다. 2014년에 프란치스코 교황은 시인이 살고 있는 대전(大田) 종합경기장과 서울의 광화문광장을 방문한다. 교황을 영접하는 마음으로 그 자리에 참석한 시인은 희열에 차 노래한다. 〈희망을 주시는 치유의 미소를/ 우리는 보았습니다./ 평화의 전달자 백의(白衣) 천사를/ 우리는 맞이했습니다./ 붉은 깃발처럼 파도를 타며〉 그는 '교황님 만세, 프란치스코 만세'를 부른다. 특히 〈교황의 붉은 성의, 장안에 태양이 되어/ 124위 순교자를 복자품〉에 올리신 감격을 노래한다.

하느님은 사랑이십니다.
사랑 안에서 우리는 평화의 인사를 나눕니다.

프란치스코 교황님의 미소,
거룩한 성체 안에 사랑의 미소가 떠오릅니다.

키 작은 자케오가 나무 위에 오르듯
옷자락만 스쳐도 치유되리라 한 여인의 믿음,
오늘 나의 극성스러운 신앙의 성숙입니다.

당신이 심어놓은 겨자씨 나무 그늘에서
우리는 찬미와 흠숭의 노래를 부릅니다.
하늘에는 비둘기 날고
땅에서는 온갖 새들이 모여 먹이를 찾습니다.

햇빛 쏟아지는 하늘 아래
당신의 편안한 미소에 감읍하면서
목마른 영혼에 꽃씨를 심습니다.

― 「치유의 미소」 전문

하나의 예화(例話)이지만, 〈키 작은 자케오가 나무 위에 오르듯/옷자락만 스쳐도 치유되리라 한 여인의 믿음〉을 따르려는 그의 신심(信心)을 만난다. 예수님께서 예리코에 들어가시어 거리를 지나가실 때, 키가 작은 세관장 '자케오'가 돌무화과나무에 올라간 것을 보시고, 예수님이 자케오의 집에 머물게 된 루카복음처럼 김영우 시인 역시 예수님을 영접하려는 강렬한 의지를 담아낸다. 또한 예수님의 옷자락만 스쳐도 치유되리라는 믿음으로 구원을 받은 여인과 같이 절대적인 신앙인의 경지에 오르고자 한다.

이렇듯이 그는 가톨릭 신앙인으로서 수장(首長)에 대한 존경을 통하여 신앙의 중심에 이르고자 하는데, 이런 자세가 그를 건강하고 진실한 문인으로 거듭나게 한다.

3.

　고희에서 희수에 이르는 기간에 김영우 시인은 희로애락(喜怒哀樂)의 파노라마를 체험한다. 척추협착증 수술을 하고 쾌차하던 중, 폐암 발병으로 폐 1/2을 절제한다. 설상가상으로 머리에 암이 전이되어 감마나이프 수술을 하고, 넘어져 다친 머리의 혈관이 터져 수술치료를 받는다. 이런 상황이 되면 대부분 신세 한탄을 하거나 절망의 나락에 빠지게 마련인데, 그는 신앙심에 의해 아픔을 극복한다. 또한 가족들의 헌신적 위로를 통하여 신체적으로도 건강을 되찾는다.

　특히 그의 아내는 늘 시인과 동행하고, 네 명의 자녀들도 시인의 건강을 위해 최선을 다한다. 부모를 모시는데 소홀함이 없고, 토요일과 일요일의 산행에도 동행을 거르지 않을 정도로 시인을 향한 효성이 지극하다. 그래서일까, 김영우 시인의 작품에는 가족들에 대한 사랑이 중심 제재로 기능한다. 작고하신 어머니, 입원해 있는 누님, 그리고 아내에 대한 눈물겨운 정서를 구체화한 작품이 관심을 환기한다.

　　　꽃이 지기 전에
　　　청춘은 가고
　　　4월이 가기 전에 봄날이 간다.

　　　바람은 어디서 와서
　　　어디로 가는지

세월이 가기 전에 인생도 간다.

해 뜨고 지는 것도
흘러간 수십 년
오늘은 하늘의 별이 더욱 빛난다.

은하수 별빛 따라
부활을 맞이하여
이승에서 어머님을 뵙는다.

― 「4월이 가기 전에」 전문

　꽃이 지듯이 청춘도 흘러가게 마련이지만, 시인은 꽃이 지기 전에 청춘이 먼저 간다고 역설적 시각을 견지한다. 마찬가지로 4월이 가기 전에 봄이 지나간다고 노래하여 세월의 빠름 또한 역설적으로 정리한다. 〈오늘은 하늘의 별이 더욱 빛난다.〉면서 그 별빛 속에서 생전의 어머님 모습을 회상한다. 이렇게 잠시 환영(幻影)으로 만나는 것도 행복할 터이지만, 이처럼 짧은 만남은 그리움의 정서를 더욱 간절하게 유도한다.
　은하수 별빛에서 어머니를 되살려내는 것처럼 작품 「반달」에서도 이러한 과정이 재현된다. 〈하현 반달이/ 여름 밤하늘을 비추고/ 하지감자 먹으니/ 어머님 모습 떠오른다.〉는 표현이 동질성을 띤다. 어머니와 함께 먹던 하지감자에서 어머니가 연상되는 것은 그만큼 시인의 내면에 그리움이 만재(滿載)하고 있음이다. 이와 같은 정서는 누님에 대한 연민으로 나타나기도 한다.

봄비 내리던 날
요양원 정원에 이슬이 맺혔다.

어머니 사랑으로
따뜻한 손잡고 살던 누님
한세상 끝자락에서 요양원 신세라니.

초점 잃은 눈방울
귀도 어둡고 말하기도 어려워
떨어지는 꽃잎에 눈물만 쌓인다.

건너지 못한 강가에 서서
갈대처럼 노래 부르며
내일은 내가 가야할 길을 본다.

― 「요양원을 찾아서」 전문

  시인은 봄비가 내리던 날에 '누님'이 입원한 요양원을 찾는다. 누님의 눈물인지, 혹은 자신의 눈물인지 모를 빗방울이 정원에 방울져 있다. 누님은 어머니의 사랑 안에서 손을 잡고 살았는데, 어머님이 작고하신 이후 노년을 요양원에서 지낸다. 〈초점 잃은 눈방울/ 귀도 어둡고 말하기도 어려워/ 떨어지는 꽃잎에 눈물만 쌓인다.〉에서 말로 위로할 수 없는 위중한 상황을 묘사한다. 〈떨어지는 꽃잎에 눈물만 쌓인다.〉에서 수준 높은 은유를 보인다.
  머지않아 누님이 이승을 떠날 것이라고 김영우 시인은 예감한 듯하다. 아직 건너지 못한 강가(此岸)에서 건너편(彼岸)을 바라보는 심정으로 시를 빚는다. 누님이 서 있는 차안(此岸)이 곧 자신이 가야할 길임도 예감한다. 이럴 때 시인은 〈나 홀로 지친 몸 망부석〉이 되기도 하고, 〈가을비 오락가락/ 하늘은 울상인데/ 당신은 어디가고 내 마음 여백인가.〉 탄식하기도 한다. 이러한 정서는 아내와의 동행에서도 나타난다.

그대와 나는 산을 오른다.
바람의 날개에
초록빛 숨결이 묻어난다.

팔각정에
가득한 봄의 향기
그때 그 시절 소쩍새는
어디로 갔을까.

저리 보면 숲속인데
산길을 걸으며
추억을 새긴다.

화봉산
언제나 걷던
세월의 발자국이 숨을 쉰다.

― 「발자국」 전문

  '그대'를 '아내'로 확정할 수는 없지만, 김영우 시인이 최근에 보이는 작품과 연관 지을 수 있다. 시인이 가까운 공원을 산책하거나 혹은 등산을 할 때 '아내' 혹은 '차남'과 동행하기 때문에, 아내로 특정(特定)해도 무리가 없을 듯하다. 시인은 '그대'와 산을 오르며, 〈바람의 날개에/ 초록빛 숨결이 묻어난다.〉는 절창(絕唱)을 찾아낸다. 이런 예술적 표현이 작품의 수준을 높이는데 기여한다. 화봉산 팔각정에 올라 봄의 향기를 완상(玩賞)하면서 지난날의 '소쩍새 울음소리'를 그리워하는 시심이 눈물겹다.
  시인은 「화봉산의 봄」에서도 유사한 형상화를 보인다. 〈봄은 돌아왔는데/ 축제 내빈들은 어디 있을까〉〈산행 길 친구 다람쥐는 어디 가고/ 조잘대던 산새들도 어디 가고/ 외롭게 울어대는 산비둘기〉에 외로운 정서를 의탁한다. 이와 같은 시각은 여러 작품에서 드러나고 있는데, 이는 시인의 내면에 작용하고 있는 정서적 충격에 기인한다.

4.

김영우 시인은 산책이나 등산을 하면서도 철학적 사유에 젖는다. 신앙의 주체에 감사하며, 하느님의 위대한 섭리에 경의를 표하고, 자연 형상에서 창조주의 비의(秘意)를 찾아내는 혜안(慧眼)을 노래한다. 이를 통해 자신을 돌아보는 계기로 삼기도 하고, 만날 수 없는 사람에 대한 그리움을 담아내기도 한다. 자연과의 만남에서 터득한 삶의 지혜가 웅숭깊다.

친구 고(故) 박양규를 그리워하는 작품 「소천(召天)」에서 〈하늘의 부름 받고/ 떠난 그 이름/ 고향땅 지키며/ 살아온 80년〉을 기린다. 〈오늘은 네가 가고/ 내일은 내가 갈 본향/ 내 고향 저녁노을/ 까치밥 하나〉에서 보이는 애이불비(哀而不悲)의 정서는 놀라울 정도로 감동적이다. 또한 문학과 신앙의 길에서 만난 배달순 시인에 대한 형상화 역시 객관화 속에서 감동을 생성한다.

　　　　갑천에 발을 담그고
　　　　홀로 서서
　　　　긴 모가지 치켜들고
　　　　하늘만 바라보는 흰 두루미 한 마리

스쳐간 옛 친구 생각에
유림 공원 팔각정에 앉아
그리워, 생각이 나서
동동주 앞에 놓고 흰 두루미를 부른다.

고운 정 지겹던 정
흐르던 물속 그림자 되어
영산홍 꽃동산에 날아들며
지저귀는 까치 떼 소리가 정겹다.

문학을 나누고 고향을 나누던 친구
바늘귀 달고 큰 말 타고
물같이 흐르던 그 자리
오늘은 안면도 소나무가 빈자리를 지킨다.

— 「흐르는 물」 전문

 1연의 〈하늘만 바라보는 흰 두루미 한 마리〉는 친구 배달순 시인의 보조관념일 터이기에, 2연에서와 같이 〈동동주 앞에 놓고 흰 두루미〉를 불러 대작하고자 한다. 이런 바탕에서 친구 배달순 시인을 떠올리면, 뭇새들이 지저귀는 노래(까치소리)도 친구의 목소리처럼 반갑다. 그 친구와 같이 어울리던 '유림공원' 팔각정에 서서 바라보면, 친구가 서있던 모습처럼 우람한 안면도 소나무가 우뚝 서 있다.
 몇몇 친구를 먼저 떠나보낸 시인은 삶에 대하여 치열하게 궁구(窮究)한다. 지금까지 걸어온 세월을 돌아보기도 하고, 현재를 진솔하게 반성하기도 하며, 내일을 향한 염려로 옷깃을 여미기도 한다.

나의 삶은 어디까지일까,
길 따라 물길 따라 살아온 길
오늘도 마봉루 산길을 걷는다.

영롱한 물방울
가지마다 류관순의 봄 편지
발자국이 남긴 길
봄비에 젖어 새싹이 움틀 것 같은
내 모습.

조상 어르신들 묘소
양지바른 언덕에 모셔 놓고
어지러운 세상사 침묵의 기도
묘소 앞 소나무가 발길을 잡는다.

― 「나의 길」 전문

  그는 1시집 『길 따라 물길을 따라』에서처럼 자연의 이치에 순응하는 시심을 보인다. 자연에 동화되어, 삶의 희로애락을 관조(觀照)한다. 그래서 시인은 〈오늘도 마봉루 산길〉을 걸으며 삶의 여러 양상을 갈무리한다. 〈영롱한 물방울〉에서 〈류관순의 봄 편지〉를 연상하기도 한다. 나라를 위해 분사(憤死)한 류관순 열사가 남긴 발자국에서 애국심이 고양되듯이, 봄비를 맞은 나뭇가지에서 새 움이 틀 것 같다. 봄비를 맞은 나무에 움이 트듯이, 자신의 삶에서도 새 움이 돋기를 소망한다.
  이를 통하여 세상을 뜨신 조상에 대한 도리(道理)를 환기한다. 양지바른 언덕에 그 분들을 모셔 놓고 경건하게 기도하면서 생사(生死)의 의미를 되새긴다. 묘소 옆의 소나무가 청청하게 살아있는 것처럼, 자신 역시 그렇게 꼿꼿하기를 소망하며, 정결한 정서를 소나무에 의탁한다. 이는 바로 내면의 반향이자, 자녀들에게 주는 메시지로도 작용한다.

5.
　김영우 시인은 영적 성숙을 위한 신앙생활, 신체를 건강하게 하기 위한 등산, 예술적 감수성을 표현하기 위한 시 창작에 몰두한다. 작품「기적을 체험하며」에서 그는 〈네 번이나 큰 수술〉을 받고도 높은 산을 두루 종주하고, 여러 번 해외여행을 다녀온 노익장의 감투(敢鬪) 정신을 보인다. 〈성전에 가는 일/ 산행을 하는 일/ 글 쓰는 일〉이 자신의 일과로 설정하고 시 창작에 전념한다.
　그리하여 〈보람도 슬픔도 허무만 남기고/ 빈손으로 떠나야 할 이 세상/ 아직도 끝이 보이지 않는 곳〉으로 치달리는 삶을 영위한다. 이런 바탕에서 시인은 좋은 작품 창작에 골몰하게 되고, 〈십자가를 바라보며 성체를 모시고/ 자연을 벗 삼아 인생을 찾고/ 살아온 발자취 흔적〉을 글로 새겨 후대에 남을 지탑(紙塔)을 건립하고자 한다.

　　　　새벽녘 닭 우는 소리에
　　　　마음 설레게 무지개 뜬다.
　　　　힐타운 테라스 하우스
　　　　조용한 하늘 아래 자리 잡고
　　　　소나무 대나무 성을 이루어
　　　　외계인을 성주로 초대하였네.

> 송도 바닷가에서
> 깊은 숲으로 들어가는 길,
> 새들이 조잘대는 비상 따라
> 나는 자유롭게 하늘을 난다.
>
> ―「이사하는 날」 전문

  새 집으로 이사한 시인은 새벽녘 닭이 울 때까지 잠을 이루지 못한 것 같다. 피곤하였을 터이지만, 새롭게 일어서는 희망의 무지개가 피어난다. 그 보금자리는 '힐타운'이고 테라스가 있는 집이다. 언덕에 조성한 주택단지를 연상하게 하는 '힐타운'의 주위에는 소나무 대나무 등 온갖 나무들이 성처럼 둘러쳐 있는 듯하다. 이처럼 아름다운 곳에 둥지를 마련한 시인은 스스로 '성주(城主)'가 된다. 이 성(城)에서 그는 자유롭게 하늘을 나는 새처럼 비상하고자 한다.

  그가 지향하는 비상(飛翔)은 시인들이 추구하는 문학적 원심력(遠心力)이다. 너른 세상을 넘나들며 체험하고, 이를 작품으로 빚는 것이 시인의 과업(課業)이기도 하다. 이와 같은 원심력은 시인의 시각을 너른 세상으로 뻗어나가게 하고, 다방면의 다양한 사물에 관심을 나타내게 유도한다. 이러한 형상화를 통하여 시인의 창작 영역이 확대되고, 새로운 감동을 생성하는데 기여한다. 김영우 시인의 작품이 독자들로 하여금 다시 읽게 하는 마력(魔力)을 내재하고 있는 것도 이에 연유한다. 앞으로 그가 빚어낼 작품을 고대하게 하는 소이연(所以然)이기도 하다.

비바 파파, 치유의 미소
김영우 시집

발 행 일	|	2015년 10월 10일
지 은 이	|	김영우
발 행 인	|	李憲錫
발 행 처	|	오늘의문학사
출판등록	|	제55호(1993년 6월 23일)
주 소	|	대전광역시 동구 대전로 867번길 52 (한밭오피스텔 401호)
전화번호	|	(042)624-2980
팩시밀리	|	(042)628-2983
홈페이지	|	http://www.lito77.co.kr(홈페이지)
전자우편	|	hs2980@hanmail.net
공 급 처	|	한국출판협동조합
주문전화	|	(070)7119-1741~2
팩시밀리	|	(031)944-8234~6

ISBN 978-89-5669-706-2 03810
값 12,000원

ⓒ김영우.2015

* 이 책은 교보문고에서 E-Book(전자책)으로 제작·판매합니다.
* 잘못 제작된 책은 바꾸어 드립니다.